THIS PLANNER BELONGS TO:

CONTACTS

NAME	ADDRESS	NUMBERS

“DO WHAT YOU CAN, WITH WHAT YOU HAVE, WHERE YOU ARE.”

— Theodore Roosevelt

2021

JANUARY

SUN	MON	TUE	WED	THU	FRI	SAT
					1	2
3	4	5	6	7	8	9
10	11	12	13	14	15	16
17	18	19	20	21	22	23
24	25	26	27	28	29	30
31						

FEBRUARY

SUN	MON	TUE	WED	THU	FRI	SAT
	1	2	3	4	5	6
7	8	9	10	11	12	13
14	15	16	17	18	19	20
21	22	23	24	25	26	27
28						

MARCH

SUN	MON	TUE	WED	THU	FRI	SAT
	1	2	3	4	5	6
7	8	9	10	11	12	13
14	15	16	17	18	19	20
21	22	23	24	25	26	27
28	29	30	31			

APRIL

SUN	MON	TUE	WED	THU	FRI	SAT
				1	2	3
4	5	6	7	8	9	10
11	12	13	14	15	16	17
18	19	20	21	22	23	24
25	26	27	28	29	30	

MAY

SUN	MON	TUE	WED	THU	FRI	SAT
						1
2	3	4	5	6	7	8
9	10	11	12	13	14	15
16	17	18	19	20	21	22
23	24	25	26	27	28	29
30	31					

JUNE

SUN	MON	TUE	WED	THU	FRI	SAT
		1	2	3	4	5
6	7	8	9	10	11	12
13	14	15	16	17	18	19
20	21	22	23	24	25	26
27	28	29	30			

JULY

SUN	MON	TUE	WED	THU	FRI	SAT
				1	2	3
4	5	6	7	8	9	10
11	12	13	14	15	16	17
18	19	20	21	22	23	24
25	26	27	28	29	30	31

AUGUST

SUN	MON	TUE	WED	THU	FRI	SAT
1	2	3	4	5	6	7
8	9	10	11	12	13	14
15	16	17	18	19	20	21
22	23	24	25	26	27	28
29	30	31				

SEPTEMBER

SUN	MON	TUE	WED	THU	FRI	SAT
			1	2	3	4
5	6	7	8	9	10	11
12	13	14	15	16	17	18
19	20	21	22	23	24	25
26	27	28	29	30		

OCTOBER

SUN	MON	TUE	WED	THU	FRI	SAT
					1	2
3	4	5	6	7	8	9
10	11	12	13	14	15	16
17	18	19	20	21	22	23
24	25	26	27	28	29	30
31						

NOVEMBER

SUN	MON	TUE	WED	THU	FRI	SAT
	1	2	3	4	5	6
7	8	9	10	11	12	13
14	15	16	17	18	19	20
21	22	23	24	25	26	27
28	29	30				

DECEMBER

SUN	MON	TUE	WED	THU	FRI	SAT
			1	2	3	4
5	6	7	8	9	10	11
12	13	14	15	16	17	18
19	20	21	22	23	24	25
26	27	28	29	30	31	

IMPORTANT DATES

January 2021

SUNDAY	MONDAY	TUESDAY	WEDNESDAY
3	4	5	6
10	11	12	13
17	18 Martin Luther King, Jr. Day	19	20
24 31	25	26	27

THURSDAY	FRIDAY	SATURDAY	NOTES
	1 New Year's Day	2	
7	8	9	
14	15	16	
21	22	23	
28	29	30	

February 2021

SUNDAY	MONDAY	TUESDAY	WEDNESDAY
	1	2	3
7	8	9	10
14 Valentine's Day	15 Presidents' Day	16	17 Ash Wednesday
21	22	23	24
28			

THURSDAY	FRIDAY	SATURDAY	NOTES
4	5	6	
11	12	13	
18	19	20	
25	26	27	

March 2021

SUNDAY	MONDAY	TUESDAY	WEDNESDAY
	1	2	3
7	8	9	10
14 Daylight Saving Time Begins	15	16	17 St. Patrick's Day
21	22	23	24
28 Palm Sunday	29	30	31

THURSDAY	FRIDAY	SATURDAY	NOTES
4	5	6	
11	12	13	
18	19	20 First Day of Spring	
25	26	27 Passover, Begins at Sunset	

April 2021

SUNDAY	MONDAY	TUESDAY	WEDNESDAY
4 Easter	5	6	7
11	12	13	14
18	19	20	21
25	26	27	28

THURSDAY	FRIDAY	SATURDAY	NOTES
1	2 Good Friday	3	
8	9	10	
15	16	17	
22 Earth Day	23	24	
29	30		

May 2021

SUNDAY	MONDAY	TUESDAY	WEDNESDAY
2	3	4	5
9 Mother's Day	10	11	12
16	17	18	19
23	24	25	26
30	31 Memorial Day		

THURSDAY	FRIDAY	SATURDAY	NOTES
		1	
6	7	8	
13	14	15	
20	21	22	
27	28	29	

June 2021

SUNDAY	MONDAY	TUESDAY	WEDNESDAY
		1	2
6	7	8	9
13	14 Flag Day	15	16
20 Father's Day	21 First Day of Summer	22	23
27	28	29	30

THURSDAY	FRIDAY	SATURDAY	NOTES
3	4	5	
10	11	12	
17	18	19	
24	25	26	

July 2021

SUNDAY	MONDAY	TUESDAY	WEDNESDAY
4 Independence Day	**5**	**6**	**7**
11	**12**	**13**	**14**
18	**19**	**20**	**21**
25	**26**	**27**	**28**

THURSDAY	FRIDAY	SATURDAY	NOTES
1	2	3	
8	9	10	
15	16	17	
22	23	24	
29	30	31	

August 2021

SUNDAY	MONDAY	TUESDAY	WEDNESDAY
1	2	3	4
8	9	10	11
15	16	17	18
22	23	24	25
29	30	31	

THURSDAY	FRIDAY	SATURDAY	NOTES
5	6	7	
12	13	14	
19	20	21	
26	27	28	

September 2021

SUNDAY	MONDAY	TUESDAY	WEDNESDAY
			1
5	**6** Labor Day Rosh Hashanah, Begins at Sunset	**7**	**8**
12 Grandparents Day	**13**	**14**	**15** Yom Kippur, Begins at Sunset
19	**20**	**21**	**22** First Day of Autumn
26	**27**	**28**	**29**

THURSDAY	FRIDAY	SATURDAY	NOTES
2	3	4	
9	10	11 Patriot Day	
16	17	18	
23	24	25	
30			

October 2021

SUNDAY	MONDAY	TUESDAY	WEDNESDAY
3	4	5	6
10	11 Columbus Day	12	13
17	18	19	20
24 31 Halloween	25	26	27

THURSDAY	FRIDAY	SATURDAY	NOTES
	1	2	
7	8	9	
14	15	16	
21	22	23	
28	29	30	

November 2021

SUNDAY	MONDAY	TUESDAY	WEDNESDAY
	1	2 Election Day	3
7 Daylight Saving Time Ends	8	9	10
14	15	16	17
21	22	23	24
28 Hanukkah, Begins at Sunset	29	30	

THURSDAY	FRIDAY	SATURDAY	NOTES
4	5	6	
11 Veterans Day	12	13	
18	19	20	
25 Thanksgiving Day	26	27	

December 2021

SUNDAY	MONDAY	TUESDAY	WEDNESDAY
			1
5	**6**	**7**	**8**
12	**13**	**14**	**15**
19	**20**	**21** First Day of Winter	**22**
26 Kwanzaa Begins	**27**	**28**	**29**

THURSDAY	FRIDAY	SATURDAY	NOTES
2	3	4	
9	10	11	
16	17	18	
23	24	25 Christmas Day	
30	31 New Year's Eve		

NOTES

NOTES

2022

JANUARY

SUN	MON	TUE	WED	THU	FRI	SAT
						1
2	3	4	5	6	7	8
9	10	11	12	13	14	15
16	17	18	19	20	21	22
23	24	25	26	27	28	29
30	31					

FEBRUARY

SUN	MON	TUE	WED	THU	FRI	SAT
		1	2	3	4	5
6	7	8	9	10	11	12
13	14	15	16	17	18	19
20	21	22	23	24	25	26
27	28					

MARCH

SUN	MON	TUE	WED	THU	FRI	SAT
		1	2	3	4	5
6	7	8	9	10	11	12
13	14	15	16	17	18	19
20	21	22	23	24	25	26
27	28	29	30	31		

APRIL

SUN	MON	TUE	WED	THU	FRI	SAT
					1	2
3	4	5	6	7	8	9
10	11	12	13	14	15	16
17	18	19	20	21	22	23
24	25	26	27	28	29	30

MAY

SUN	MON	TUE	WED	THU	FRI	SAT
1	2	3	4	5	6	7
8	9	10	11	12	13	14
15	16	17	18	19	20	21
22	23	24	25	26	27	28
29	30	31				

JUNE

SUN	MON	TUE	WED	THU	FRI	SAT
			1	2	3	4
5	6	7	8	9	10	11
12	13	14	15	16	17	18
19	20	21	22	23	24	25
26	27	28	29	30		

JULY

SUN	MON	TUE	WED	THU	FRI	SAT
					1	2
3	4	5	6	7	8	9
10	11	12	13	14	15	16
17	18	19	20	21	22	23
24	25	26	27	28	29	30
31						

AUGUST

SUN	MON	TUE	WED	THU	FRI	SAT
	1	2	3	4	5	6
7	8	9	10	11	12	13
14	15	16	17	18	19	20
21	22	23	24	25	26	27
28	29	30	31			

SEPTEMBER

SUN	MON	TUE	WED	THU	FRI	SAT
				1	2	3
4	5	6	7	8	9	10
11	12	13	14	15	16	17
18	19	20	21	22	23	24
25	26	27	28	29	30	

OCTOBER

SUN	MON	TUE	WED	THU	FRI	SAT
						1
2	3	4	5	6	7	8
9	10	11	12	13	14	15
16	17	18	19	20	21	22
23	24	25	26	27	28	29
30	31					

NOVEMBER

SUN	MON	TUE	WED	THU	FRI	SAT
		1	2	3	4	5
6	7	8	9	10	11	12
13	14	15	16	17	18	19
20	21	22	23	24	25	26
27	28	29	30			

DECEMBER

SUN	MON	TUE	WED	THU	FRI	SAT
				1	2	3
4	5	6	7	8	9	10
11	12	13	14	15	16	17
18	19	20	21	22	23	24
25	26	27	28	29	30	31

IMPORTANT DATES

January 2022

SUNDAY	MONDAY	TUESDAY	WEDNESDAY
2	3	4	5
9	10	11	12
16	17 Martin Luther King, Jr. Day	18	19
23	24	25	26
30	31		

THURSDAY	FRIDAY	SATURDAY	NOTES
		1 New Year's Day	
6	7	8	
13	14	15	
20	21	22	
27	28	29	

February 2022

SUNDAY	MONDAY	TUESDAY	WEDNESDAY
		1	2
6	7	8	9
13	14 Valentine's Day	15	16
20	21 Presidents' Day	22	23
27	28		

THURSDAY	FRIDAY	SATURDAY	NOTES
3	4	5	
10	11	12	
17	18	19	
24	25	26	

March 2022

SUNDAY	MONDAY	TUESDAY	WEDNESDAY
		1	2 Ash Wednesday
6	7	8	9
13 Daylight Saving Time Begins	14	15	16
20 First Day of Spring	21	22	23
27	28	29	30

THURSDAY	FRIDAY	SATURDAY	NOTES
3	4	5	
10	11	12	
17 St. Patrick's Day	18	19	
24	25	26	
31			

April 2022

SUNDAY	MONDAY	TUESDAY	WEDNESDAY
3	4	5	6
10 Palm Sunday	11	12	13
17 Easter	18	19	20
24	25	26	27

THURSDAY	FRIDAY	SATURDAY	NOTES
	1	2	
7	8	9	
14	15 Good Friday Passover, Begins at Sunset	16	
21	22 Earth Day	23	
28	29	30	

May 2022

SUNDAY	MONDAY	TUESDAY	WEDNESDAY
1	2	3	4
8 Mother's Day	9	10	11
15	16	17	18
22	23	24	25
29	30 Memorial Day	31	

THURSDAY	FRIDAY	SATURDAY	NOTES
5	6	7	
12	13	14	
19	20	21	
26	27	28	

June 2022

SUNDAY	MONDAY	TUESDAY	WEDNESDAY
			1
5	6	7	8
12	13	14 Flag Day	15
19 Father's Day	20	21 First Day of Summer	22
26	27	28	29

THURSDAY	FRIDAY	SATURDAY	NOTES
2	3	4	
9	10	11	
16	17	18	
23	24	25	
30			

July 2022

SUNDAY	MONDAY	TUESDAY	WEDNESDAY
3	4 Independence Day	5	6
10	11	12	13
17	18	19	20
24 / 31	25	26	27

THURSDAY	FRIDAY	SATURDAY	NOTES
	1	2	
7	8	9	
14	15	16	
21	22	23	
28	29	30	

August 2022

SUNDAY	MONDAY	TUESDAY	WEDNESDAY
	1	2	3
7	8	9	10
14	15	16	17
21	22	23	24
28	29	30	31

THURSDAY	FRIDAY	SATURDAY	NOTES
4	5	6	
11	12	13	
18	19	20	
25	26	27	

September 2022

SUNDAY	MONDAY	TUESDAY	WEDNESDAY
4	**5** Labor Day	**6**	**7**
11 Grandparents Day Patriot Day	**12**	**13**	**14**
18	**19**	**20**	**21**
25 Rosh Hashanah, Begins at Sunset	**26**	**27**	**28**

THURSDAY	FRIDAY	SATURDAY	NOTES
1	2	3	
8	9	10	
15	16	17	
22	23 First Day of Autumn	24	
29	30		

October 2022

SUNDAY	MONDAY	TUESDAY	WEDNESDAY
2	3	4 Yom Kippur, Begins at Sunset	5
9	10 Columbus Day	11	12
16	17	18	19
23	24	25	26
30	31 Halloween		

THURSDAY	FRIDAY	SATURDAY	NOTES
		1	
6	7	8	
13	14	15	
20	21	22	
27	28	29	

November 2022

SUNDAY	MONDAY	TUESDAY	WEDNESDAY
		1	2
6 Daylight Saving Time Ends	7	8 Election Day	9
13	14	15	16
20	21	22	23
27	28	29	30

THURSDAY	FRIDAY	SATURDAY	NOTES
3	4	5	
10	11 Veterans Day	12	
17	18	19	
24 Thanksgiving Day	25	26	

December 2022

SUNDAY	MONDAY	TUESDAY	WEDNESDAY
4	5	6	7
11	12	13	14
18 Hanukkah, Begins at Sunset	19	20	21 First Day of Winter
25 Christmas Day	26 Kwanzaa Begins	27	28

THURSDAY	FRIDAY	SATURDAY	NOTES
1	2	3	
8	9	10	
15	16	17	
22	23	24	
29	30	31 New Year's Eve	

NOTES

NOTES

2023

JANUARY

SUN	MON	TUE	WED	THU	FRI	SAT
1	2	3	4	5	6	7
8	9	10	11	12	13	14
15	16	17	18	19	20	21
22	23	24	25	26	27	28
29	30	31				

FEBRUARY

SUN	MON	TUE	WED	THU	FRI	SAT
			1	2	3	4
5	6	7	8	9	10	11
12	13	14	15	16	17	18
19	20	21	22	23	24	25
26	27	28				

MARCH

SUN	MON	TUE	WED	THU	FRI	SAT
			1	2	3	4
5	6	7	8	9	10	11
12	13	14	15	16	17	18
19	20	21	22	23	24	25
26	27	28	29	30	31	

APRIL

SUN	MON	TUE	WED	THU	FRI	SAT
						1
2	3	4	5	6	7	8
9	10	11	12	13	14	15
16	17	18	19	20	21	22
23	24	25	26	27	28	29
30						

MAY

SUN	MON	TUE	WED	THU	FRI	SAT
	1	2	3	4	5	6
7	8	9	10	11	12	13
14	15	16	17	18	19	20
21	22	23	24	25	26	27
28	29	30	31			

JUNE

SUN	MON	TUE	WED	THU	FRI	SAT
				1	2	3
4	5	6	7	8	9	10
11	12	13	14	15	16	17
18	19	20	21	22	23	24
25	26	27	28	29	30	

JULY

SUN	MON	TUE	WED	THU	FRI	SAT
						1
2	3	4	5	6	7	8
9	10	11	12	13	14	15
16	17	18	19	20	21	22
23	24	25	26	27	28	29
30	31					

AUGUST

SUN	MON	TUE	WED	THU	FRI	SAT
		1	2	3	4	5
6	7	8	9	10	11	12
13	14	15	16	17	18	19
20	21	22	23	24	25	26
27	28	29	30	31		

SEPTEMBER

SUN	MON	TUE	WED	THU	FRI	SAT
					1	2
3	4	5	6	7	8	9
10	11	12	13	14	15	16
17	18	19	20	21	22	23
24	25	26	27	28	29	30

OCTOBER

SUN	MON	TUE	WED	THU	FRI	SAT
1	2	3	4	5	6	7
8	9	10	11	12	13	14
15	16	17	18	19	20	21
22	23	24	25	26	27	28
29	30	31				

NOVEMBER

SUN	MON	TUE	WED	THU	FRI	SAT
			1	2	3	4
5	6	7	8	9	10	11
12	13	14	15	16	17	18
19	20	21	22	23	24	25
26	27	28	29	30		

DECEMBER

SUN	MON	TUE	WED	THU	FRI	SAT
					1	2
3	4	5	6	7	8	9
10	11	12	13	14	15	16
17	18	19	20	21	22	23
24	25	26	27	28	29	30
31						

IMPORTANT DATES

January 2023

SUNDAY	MONDAY	TUESDAY	WEDNESDAY
1 New Year's Day	2	3	4
8	9	10	11
15	16 Martin Luther King, Jr. Day	17	18
22	23	24	25
29	30	31	

THURSDAY	FRIDAY	SATURDAY	NOTES
5	6	7	
12	13	14	
19	20	21	
26	27	28	

February 2023

SUNDAY	MONDAY	TUESDAY	WEDNESDAY
			1
5	6	7	8
12	13	14 Valentine's Day	15
19	20 Presidents' Day	21	22 Ash Wednesday
26	27	28	

THURSDAY	FRIDAY	SATURDAY	NOTES
2	3	4	
9	10	11	
16	17	18	
23	24	25	

March 2023

SUNDAY	MONDAY	TUESDAY	WEDNESDAY
			1
5	6	7	8
12 Daylight Saving Time Begins	13	14	15
19	20 First Day of Spring	21	22
26	27	28	29

THURSDAY	FRIDAY	SATURDAY	NOTES
2	3	4	
9	10	11	
16	17 St. Patrick's Day	18	
23	24	25	
30	31		

April 2023

SUNDAY	MONDAY	TUESDAY	WEDNESDAY
2 Palm Sunday	**3**	**4**	**5** Passover, Begins at Sunset
9 Easter	**10**	**11**	**12**
16	**17**	**18**	**19**
23 / **30**	**24**	**25**	**26**

THURSDAY	FRIDAY	SATURDAY	NOTES
		1	
6	7 Good Friday	8	
13	14	15	
20	21	22 Earth Day	
27	28	29	

May 2023

SUNDAY	MONDAY	TUESDAY	WEDNESDAY
	1	**2**	**3**
7	**8**	**9**	**10**
14 Mother's Day	**15**	**16**	**17**
21	**22**	**23**	**24**
28	**29** Memorial Day	**30**	**31**

THURSDAY	FRIDAY	SATURDAY	NOTES
4	5	6	
11	12	13	
18	19	20	
25	26	27	

June 2023

SUNDAY	MONDAY	TUESDAY	WEDNESDAY
4	5	6	7
11	12	13	14 Flag Day
18 Father's Day	19	20	21 First Day of Summer
25	26	27	28

THURSDAY	FRIDAY	SATURDAY	NOTES
1	2	3	
8	9	10	
15	16	17	
22	23	24	
29	30		

July 2023

SUNDAY	MONDAY	TUESDAY	WEDNESDAY
2	3	4 Independence Day	5
9	10	11	12
16	17	18	19
23	24	25	26
30	31		

THURSDAY	FRIDAY	SATURDAY	NOTES
		1	
6	7	8	
13	14	15	
20	21	22	
27	28	29	

August 2023

SUNDAY	MONDAY	TUESDAY	WEDNESDAY
		1	2
6	7	8	9
13	14	15	16
20	21	22	23
27	28	29	30

THURSDAY	FRIDAY	SATURDAY	NOTES
3	4	5	
10	11	12	
17	18	19	
24	25	26	
31			

September 2023

SUNDAY	MONDAY	TUESDAY	WEDNESDAY
3	4 Labor Day	5	6
10 Grandparents Day	11 Patriot Day	12	13
17	18	19	20
24 Yom Kippur, Begins at Sunset	25	26	27

THURSDAY	FRIDAY	SATURDAY	NOTES
	1	2	
7	8	9	
14	15 Rosh Hashanah, Begins at Sunset	16	
21	22	23 First Day of Autumn	
28	29	30	

October 2023

SUNDAY	MONDAY	TUESDAY	WEDNESDAY
1	2	3	4
8	9 Columbus Day	10	11
15	16	17	18
22	23	24	25
29	30	31 Halloween	

THURSDAY	FRIDAY	SATURDAY	NOTES
5	6	7	
12	13	14	
19	20	21	
26	27	28	

November 2023

SUNDAY	MONDAY	TUESDAY	WEDNESDAY
			1
5 Daylight Saving Time Ends	6	7 Election Day	8
12	13	14	15
19	20	21	22
26	27	28	29

THURSDAY	FRIDAY	SATURDAY	NOTES
2	3	4	
9	10	11 Veterans Day	
16	17	18	
23 Thanksgiving Day	24	25	
30			

December 2023

SUNDAY	MONDAY	TUESDAY	WEDNESDAY
3	4	5	6
10	11	12	13
17	18	19	20
24 31 New Year's Eve	25 Christmas Day	26 Kwanzaa Begins	27

THURSDAY	FRIDAY	SATURDAY	NOTES
	1	2	
7 Hanukkah, Begins at Sunset	8	9	
14	15	16	
21	22 First Day of Winter	23	
28	29	30	

NOTES

NOTES

2024

JANUARY

SUN	MON	TUE	WED	THU	FRI	SAT
	1	2	3	4	5	6
7	8	9	10	11	12	13
14	15	16	17	18	19	20
21	22	23	24	25	26	27
28	29	30	31			

FEBRUARY

SUN	MON	TUE	WED	THU	FRI	SAT
				1	2	3
4	5	6	7	8	9	10
11	12	13	14	15	16	17
18	19	20	21	22	23	24
25	26	27	28	29		

MARCH

SUN	MON	TUE	WED	THU	FRI	SAT
					1	2
3	4	5	6	7	8	9
10	11	12	13	14	15	16
17	18	19	20	21	22	23
24	25	26	27	28	29	30
31						

APRIL

SUN	MON	TUE	WED	THU	FRI	SAT
	1	2	3	4	5	6
7	8	9	10	11	12	13
14	15	16	17	18	19	20
21	22	23	24	25	26	27
28	29	30				

MAY

SUN	MON	TUE	WED	THU	FRI	SAT
			1	2	3	4
5	6	7	8	9	10	11
12	13	14	15	16	17	18
19	20	21	22	23	24	25
26	27	28	29	30	31	

JUNE

SUN	MON	TUE	WED	THU	FRI	SAT
						1
2	3	4	5	6	7	8
9	10	11	12	13	14	15
16	17	18	19	20	21	22
23	24	25	26	27	28	29
30						

JULY

SUN	MON	TUE	WED	THU	FRI	SAT
	1	2	3	4	5	6
7	8	9	10	11	12	13
14	15	16	17	18	19	20
21	22	23	24	25	26	27
28	29	30	31			

AUGUST

SUN	MON	TUE	WED	THU	FRI	SAT
				1	2	3
4	5	6	7	8	9	10
11	12	13	14	15	16	17
18	19	20	21	22	23	24
25	26	27	28	29	30	31

SEPTEMBER

SUN	MON	TUE	WED	THU	FRI	SAT
1	2	3	4	5	6	7
8	9	10	11	12	13	14
15	16	17	18	19	20	21
22	23	24	25	26	27	28
29	30					

OCTOBER

SUN	MON	TUE	WED	THU	FRI	SAT
		1	2	3	4	5
6	7	8	9	10	11	12
13	14	15	16	17	18	19
20	21	22	23	24	25	26
27	28	29	30	31		

NOVEMBER

SUN	MON	TUE	WED	THU	FRI	SAT
					1	2
3	4	5	6	7	8	9
10	11	12	13	14	15	16
17	18	19	20	21	22	23
24	25	26	27	28	29	30

DECEMBER

SUN	MON	TUE	WED	THU	FRI	SAT
1	2	3	4	5	6	7
8	9	10	11	12	13	14
15	16	17	18	19	20	21
22	23	24	25	26	27	28
29	30	31				

IMPORTANT DATES

January 2024

SUNDAY	MONDAY	TUESDAY	WEDNESDAY
	1 New Year's Day	2	3
7	8	9	10
14	15 Martin Luther King, Jr. Day	16	17
21	22	23	24
28	29	30	31

THURSDAY	FRIDAY	SATURDAY	NOTES
4	5	6	
11	12	13	
18	19	20	
25	26	27	

February 2024

SUNDAY	MONDAY	TUESDAY	WEDNESDAY
4	5	6	7
11	12	13	14 Valentine's Day Ash Wednesday
18	19 Presidents' Day	20	21
25	26	27	28

THURSDAY	FRIDAY	SATURDAY	NOTES
1	2	3	
8	9	10	
15	16	17	
22	23	24	
29			

March 2024

SUNDAY	MONDAY	TUESDAY	WEDNESDAY
3	4	5	6
10 Daylight Saving Time Begins	11	12	13
17 St. Patrick's Day	18	19 First Day of Spring	20
24 Palm Sunday 31 Easter	25	26	27

THURSDAY	FRIDAY	SATURDAY	NOTES
	1	2	
7	8	9	
14	15	16	
21	22	23	
28	29 Good Friday	30	

April 2024

SUNDAY	MONDAY	TUESDAY	WEDNESDAY
	1	2	3
7	8	9	10
14	15	16	17
21	22 Earth Day Passover, Begins at Sunset	23	24
28	29	30	

THURSDAY	FRIDAY	SATURDAY	NOTES
4	5	6	
11	12	13	
18	19	20	
25	26	27	

May 2024

SUNDAY	MONDAY	TUESDAY	WEDNESDAY
			1
5	6	7	8
12 Mother's Day	13	14	15
19	20	21	22
26	27 Memorial Day	28	29

THURSDAY	FRIDAY	SATURDAY	NOTES
2	3	4	
9	10	11	
16	17	18	
23	24	25	
30	31		

June 2024

SUNDAY	MONDAY	TUESDAY	WEDNESDAY
2	3	4	5
9	10	11	12
16 Father’s Day	17	18	19
23 30	24	25	26

THURSDAY	FRIDAY	SATURDAY	NOTES
		1	
6	7	8	
13	14 Flag Day	15	
20 First Day of Summer	21	22	
27	28	29	

July 2024

SUNDAY	MONDAY	TUESDAY	WEDNESDAY
	1	2	3
7	8	9	10
14	15	16	17
21	22	23	24
28	29	30	31

THURSDAY	FRIDAY	SATURDAY	NOTES
4 Independence Day	5	6	
11	12	13	
18	19	20	
25	26	27	

August 2024

SUNDAY	MONDAY	TUESDAY	WEDNESDAY
4	5	6	7
11	12	13	14
18	19	20	21
25	26	27	28

THURSDAY	FRIDAY	SATURDAY	NOTES
1	2	3	
8	9	10	
15	16	17	
22	23	24	
29	30	31	

September 2024

SUNDAY	MONDAY	TUESDAY	WEDNESDAY
1	**2** Labor Day	**3**	**4**
8 Grandparents Day	**9**	**10**	**11** Patriot Day
15	**16**	**17**	**18**
22 First Day of Autumn	**23**	**24**	**25**
29	**30**		

THURSDAY	FRIDAY	SATURDAY	NOTES
5	6	7	
12	13	14	
19	20	21	
26	27	28	

October 2024

SUNDAY	MONDAY	TUESDAY	WEDNESDAY
		1	2 Rosh Hashanah, Begins at Sunset
6	7	8	9
13	14 Columbus Day	15	16
20	21	22	23
27	28	29	30

THURSDAY	FRIDAY	SATURDAY	NOTES
3	4	5	
10	11 Yom Kippur, Begins at Sunset	12	
17	18	19	
24	25	26	
31 Halloween			

November 2024

SUNDAY	MONDAY	TUESDAY	WEDNESDAY
3 Daylight Saving Time Ends	**4**	**5** Election Day	**6**
10	**11** Veterans Day	**12**	**13**
17	**18**	**19**	**20**
24	**25**	**26**	**27**

THURSDAY	FRIDAY	SATURDAY	NOTES
	1	2	
7	8	9	
14	15	16	
21	22	23	
28 Thanksgiving Day	29	30	

December 2024

SUNDAY	MONDAY	TUESDAY	WEDNESDAY
1	2	3	4
8	9	10	11
15	16	17	18
22	23	24	25 Christmas Day Hanukkah, Begins at Sunset
29	30	31 New Year's Eve	

THURSDAY	FRIDAY	SATURDAY	NOTES
5	6	7	
12	13	14	
19	20	21 First Day of Winter	
26 Kwanzaa Begins	27	28	

NOTES

NOTES

2025

JANUARY

SUN	MON	TUE	WED	THU	FRI	SAT
			1	2	3	4
5	6	7	8	9	10	11
12	13	14	15	16	17	18
19	20	21	22	23	24	25
26	27	28	29	30	31	

FEBRUARY

SUN	MON	TUE	WED	THU	FRI	SAT
						1
2	3	4	5	6	7	8
9	10	11	12	13	14	15
16	17	18	19	20	21	22
23	24	25	26	27	28	

MARCH

SUN	MON	TUE	WED	THU	FRI	SAT
						1
2	3	4	5	6	7	8
9	10	11	12	13	14	15
16	17	18	19	20	21	22
23	24	25	26	27	28	29
30	31					

APRIL

SUN	MON	TUE	WED	THU	FRI	SAT
		1	2	3	4	5
6	7	8	9	10	11	12
13	14	15	16	17	18	19
20	21	22	23	24	25	26
27	28	29	30			

MAY

SUN	MON	TUE	WED	THU	FRI	SAT
				1	2	3
4	5	6	7	8	9	10
11	12	13	14	15	16	17
18	19	20	21	22	23	24
25	26	27	28	29	30	31

JUNE

SUN	MON	TUE	WED	THU	FRI	SAT
1	2	3	4	5	6	7
8	9	10	11	12	13	14
15	16	17	18	19	20	21
22	23	24	25	26	27	28
29	30					

JULY

SUN	MON	TUE	WED	THU	FRI	SAT
		1	2	3	4	5
6	7	8	9	10	11	12
13	14	15	16	17	18	19
20	21	22	23	24	25	26
27	28	29	30	31		

AUGUST

SUN	MON	TUE	WED	THU	FRI	SAT
					1	2
3	4	5	6	7	8	9
10	11	12	13	14	15	16
17	18	19	20	21	22	23
24	25	26	27	28	29	30
31						

SEPTEMBER

SUN	MON	TUE	WED	THU	FRI	SAT
	1	2	3	4	5	6
7	8	9	10	11	12	13
14	15	16	17	18	19	20
21	22	23	24	25	26	27
28	29	30				

OCTOBER

SUN	MON	TUE	WED	THU	FRI	SAT
			1	2	3	4
5	6	7	8	9	10	11
12	13	14	15	16	17	18
19	20	21	22	23	24	25
26	27	28	29	30	31	

NOVEMBER

SUN	MON	TUE	WED	THU	FRI	SAT
						1
2	3	4	5	6	7	8
9	10	11	12	13	14	15
16	17	18	19	20	21	22
23	24	25	26	27	28	29
30						

DECEMBER

SUN	MON	TUE	WED	THU	FRI	SAT
	1	2	3	4	5	6
7	8	9	10	11	12	13
14	15	16	17	18	19	20
21	22	23	24	25	26	27
28	29	30	31			

IMPORTANT DATES

January 2025

SUNDAY	MONDAY	TUESDAY	WEDNESDAY
			1 New Year’s Day
5	**6**	**7**	**8**
12	**13**	**14**	**15**
19	**20** Martin Luther King, Jr. Day	**21**	**22**
26	**27**	**28**	**29**

THURSDAY	FRIDAY	SATURDAY	NOTES
2	3	4	
9	10	11	
16	17	18	
23	24	25	
30	31		

February 2025

SUNDAY	MONDAY	TUESDAY	WEDNESDAY
2	3	4	5
9	10	11	12
16	17 Presidents' Day	18	19
23	24	25	26

THURSDAY	FRIDAY	SATURDAY	NOTES
		1	
6	7	8	
13	14 Valentine's Day	15	
20	21	22	
27	28		

March 2025

SUNDAY	MONDAY	TUESDAY	WEDNESDAY
2	**3**	**4**	**5** Ash Wednesday
9 Daylight Saving Time Begins	**10**	**11**	**12**
16	**17** St. Patrick's Day	**18**	**19**
23	**24**	**25**	**26**
30	**31**		

THURSDAY	FRIDAY	SATURDAY	NOTES
		1	
6	7	8	
13	14	15	
20 First Day of Spring	21	22	
27	28	29	

April 2025

SUNDAY	MONDAY	TUESDAY	WEDNESDAY
		1	2
6	7	8	9
13 Palm Sunday	14	15	16
20 Easter	21	22 Earth Day	23
27	28	29	30

THURSDAY	FRIDAY	SATURDAY	NOTES
3	4	5	
10	11	12 Passover, Begins at Sunset	
17	18 Good Friday	19	
24	25	26	

May 2025

SUNDAY	MONDAY	TUESDAY	WEDNESDAY
4	5	6	7
11 Mother's Day	12	13	14
18	19	20	21
25	26 Memorial Day	27	28

THURSDAY	FRIDAY	SATURDAY	NOTES
1	2	3	
8	9	10	
15	16	17	
22	23	24	
29	30	31	

June 2025

SUNDAY	MONDAY	TUESDAY	WEDNESDAY
1	2	3	4
8	9	10	11
15 Father's Day	16	17	18
22	23	24	25
29	30		

THURSDAY	FRIDAY	SATURDAY	NOTES
5	6	7	
12	13	14 Flag Day	
19	20 First Day of Summer	21	
26	27	28	

July 2025

SUNDAY	MONDAY	TUESDAY	WEDNESDAY
		1	2
6	7	8	9
13	14	15	16
20	21	22	23
27	28	29	30

THURSDAY	FRIDAY	SATURDAY	NOTES
3	4 Independence Day	5	
10	11	12	
17	18	19	
24	25	26	
31			

August 2025

SUNDAY	MONDAY	TUESDAY	WEDNESDAY
3	4	5	6
10	11	12	13
17	18	19	20
24	25	26	27
31			

THURSDAY	FRIDAY	SATURDAY	NOTES
	1	2	
7	8	9	
14	15	16	
21	22	23	
28	29	30	

September 2025

SUNDAY	MONDAY	TUESDAY	WEDNESDAY
	1 Labor Day	2	3
7 Grandparents Day	8	9	10
14	15	16	17
21	22 Rosh Hashanah, Begins at Sunset First Day of Autumn	23	24
28	29	30	

THURSDAY	FRIDAY	SATURDAY	NOTES
4	5	6	
11 Patriot Day	12	13	
18	19	20	
25	26	27	

October 2025

SUNDAY	MONDAY	TUESDAY	WEDNESDAY
			1 Yom Kippur, Begins at Sunset
5	6	7	8
12	13 Columbus Day	14	15
19	20	21	22
26	27	28	29

THURSDAY	FRIDAY	SATURDAY	NOTES
2	3	4	
9	10	11	
16	17	18	
23	24	25	
30	31 Halloween		

November 2025

SUNDAY	MONDAY	TUESDAY	WEDNESDAY
2 Daylight Saving Time Ends	**3**	**4** Election Day	**5**
9	**10**	**11** Veterans Day	**12**
16	**17**	**18**	**19**
23 / **30**	**24**	**25**	**26**

THURSDAY	FRIDAY	SATURDAY	NOTES
		1	
6	7	8	
13	14	15	
20	21	22	
27 Thanksgiving Day	28	29	

December 2025

SUNDAY	MONDAY	TUESDAY	WEDNESDAY
	1	2	3
7	8	9	10
14 Hanukkah, Begins at Sunset	15	16	17
21 First Day of Winter	22	23	24
28	29	30	31 New Year's Eve

THURSDAY	FRIDAY	SATURDAY	NOTES
4	5	6	
11	12	13	
18	19	20	
25 Christmas Day	26 Kwanzaa Begins	27	

NOTES

NOTES

2026

JANUARY

SUN	MON	TUE	WED	THU	FRI	SAT
				1	2	3
4	5	6	7	8	9	10
11	12	13	14	15	16	17
18	19	20	21	22	23	24
25	26	27	28	29	30	31

FEBRUARY

SUN	MON	TUE	WED	THU	FRI	SAT
1	2	3	4	5	6	7
8	9	10	11	12	13	14
15	16	17	18	19	20	21
22	23	24	25	26	27	28

MARCH

SUN	MON	TUE	WED	THU	FRI	SAT
1	2	3	4	5	6	7
8	9	10	11	12	13	14
15	16	17	18	19	20	21
22	23	24	25	26	27	28
29	30	31				

APRIL

SUN	MON	TUE	WED	THU	FRI	SAT
			1	2	3	4
5	6	7	8	9	10	11
12	13	14	15	16	17	18
19	20	21	22	23	24	25
26	27	28	29	30		

MAY

SUN	MON	TUE	WED	THU	FRI	SAT
					1	2
3	4	5	6	7	8	9
10	11	12	13	14	15	16
17	18	19	20	21	22	23
24	25	26	27	28	29	30
31						

JUNE

SUN	MON	TUE	WED	THU	FRI	SAT
	1	2	3	4	5	6
7	8	9	10	11	12	13
14	15	16	17	18	19	20
21	22	23	24	25	26	27
28	29	30				

JULY

SUN	MON	TUE	WED	THU	FRI	SAT
			1	2	3	4
5	6	7	8	9	10	11
12	13	14	15	16	17	18
19	20	21	22	23	24	25
26	27	28	29	30	31	

AUGUST

SUN	MON	TUE	WED	THU	FRI	SAT
						1
2	3	4	5	6	7	8
9	10	11	12	13	14	15
16	17	18	19	20	21	22
23	24	25	26	27	28	29
30	31					

SEPTEMBER

SUN	MON	TUE	WED	THU	FRI	SAT
		1	2	3	4	5
6	7	8	9	10	11	12
13	14	15	16	17	18	19
20	21	22	23	24	25	26
27	28	29	30			

OCTOBER

SUN	MON	TUE	WED	THU	FRI	SAT
				1	2	3
4	5	6	7	8	9	10
11	12	13	14	15	16	17
18	19	20	21	22	23	24
25	26	27	28	29	30	31

NOVEMBER

SUN	MON	TUE	WED	THU	FRI	SAT
1	2	3	4	5	6	7
8	9	10	11	12	13	14
15	16	17	18	19	20	21
22	23	24	25	26	27	28
29	30					

DECEMBER

SUN	MON	TUE	WED	THU	FRI	SAT
		1	2	3	4	5
6	7	8	9	10	11	12
13	14	15	16	17	18	19
20	21	22	23	24	25	26
27	28	29	30	31		

CPSIA information can be obtained
at www.ICGtesting.com
Printed in the USA
LVHW061159300321
682935LV00004B/198

9 781648 422850